Impressum
Verlag: BABADADA GmbH, Nedderfeld 112 , 22529 Hamburg
Geschäftsführer / Verlagsleitung: Harald Hof
Druck: Books on Demand GmbH, In de Tarpen 42, 22848 Norderstedt

Imprint
Publisher: BABADADA GmbH, Nedderfeld 112 , 22529 Hamburg, Germany
Managing Director / Publishing direction: Harald Hof
Print: Books on Demand GmbH, In de Tarpen 42, 22848 Norderstedt

classe
classroom

dividir
divide

186/2

tauler
board

pati (de l'escola)
school yard

professor
teacher

paper
paper

escriure
write

estilogràfica
pen

escriptori
desk

regle
ruler

llibre
book

estudiant
pupil

bossa
satchel

estoig
pencil case

llapis
pencil

maquineta de fer punta
pencil sharpener

goma
rubber

bloc de dibuix
drawing pad

dibuix

drawing

pinzell

paintbrush

capsa de pintures

paint box

tisores

scissors

cola

glue

quadern d'exercicis

exercise book

deures

homework

nombre

number

afegir

add

sostreure

subtract

multiplicar

multiply

calcular

calculate

lletra

letter

alfabet

alphabet

mot

word

text

text

llegir

read

guix

chalk

lliçó

lesson

llibre de classe

register

examen

exam

certificat

certificate

uniforme escolar

school uniform

formació

education

enciclopèdia

encyclopedia

universitat

university

microscopi

microscope

mapa

map

paperera

paper bin

hotel
hotel

alberg
hostel

oficina de canvi
bureau de change

maleta
suitcase

automòbil
car

llengua

language

sí / no

yes / no

D'acord

Okay

Ey!

hello

traductora

translator

gràcies

Thank you

Quant costa… ?

how much does … cost?

No entenc

I do not understand

problema

problem

Bona nit!

Good evening!

bon dia!

Good morning!

bona nit!

Good night!

fins aviat

bye bye

direcció

direction

bagatge

luggage

bossa

bag

sarrona

backpack

convidat

guest

cambra

room

sac de dormir

sleeping bag

tenda

tent

oficina de turisme

tourist information

platja

beach

carta de crèdit

credit card

esmorzar

breakfast

dinar

lunch

sopar

dinner

bitllet

ticket

ascensor

lift

segell

stamp

frontera

border

duana

customs

ambaixada

embassy

visat

visa

passaport

passport

vol
aeroplane

vaixell
ship

automòbil dels bombers
fire engine

bus
bus

camió
truck

llanxa de motor
motorboat

bicicleta
bike

automòbil
car

transbordador

ferry

barca

boat

moto

motorbike

automòbil de policia

police car

automòbil de curses

racing car

automòbil de lloguer

rental car

vehicle compartit

car sharing

grua

breakdown truck

camió de les escombraries

refuse truck

motor

motor

benzina

fuel

benzineria

petrol station

senyal de trànsit

traffic sign

trànsit

traffic

embús

traffic jam

aparcament

car park

estació de trens

train station

vies

tracks

tren

train

tramvia

tram

vagó

carriage

helicòpter

helicopter

aeroport

airport

torre

tower

passatger

passenger

contenidor

container

capsa de cartó

carton

carretó

cart

cistella

basket

enlairar-se / aterrar

take off / land

ciutat

city

poble

village

centre de la ciutat

city centre

casa

house

cinema
cinema

anunci
advert

fanal
street light

CINEMA

carrer
street

taxista
taxi

quiosc
snack shop

pedestre
pedestrian

vorera
pavement

pas de zebra
zebra crossing

galleda d'escombraries
bin

encreuament
crossing

semàfor
traffic lights

cabana

hut

apartament

flat

estació de trens

train station

casa de la vila-ciutat

town hall

museu

museum

escola

school

universitat

university

banca

bank

hospital

hospital

hotel

hotel

farmàcia

pharmacy

oficina

office

llibreria

book shop

botiga

shop

floristeria

florist's

supermercat

supermarket

mercat

market

gran magatzem

department store

peixateria

fishmonger's

centre comercial

shopping centre

port

harbour

ciutat - city

parc
park

banc
bench

pont
bridge

escala
stairs

metro
underground

túnel
tunnel

parada d'autobús
bus stop

bar
bar

restaurant
restaurant

bústia de correu
postbox

senyal indicador
road sign

parquímetre
parking meter

zoo
zoo

piscina
swimming pool

mesquita
mosque

granja

farm

pol·lució

pollution

cementiri

graveyard

església

church

parc infantil

playground

temple

temple

paisatge
landscape

fulla
leaf

cartell indicador
signpost

camí
way

prat
meadow

pedra
stone

arbre
tree

excursionista
hiker

riu
river

gespa
grass

flor
flower

vall
valley

muntanya
hill

llac
lake

bosc
forest

desert
desert

volcà
volcano

castell
castle

arc de Sant Martí
rainbow

bolet
mushroom

palmera
palm tree

moscard
mosquito

mosca
fly

formiga
ant

abella
bee

aranya
spider

escarabat

beetle

granota

frog

esquirol

squirrel

eriçó

hedgehog

llebre

hare

òliba

owl

ocell

bird

cigne

swan

senglar

boar

cervo

deer

ant

moose

presa

dam

turbina

wind turbine

panell solar

solar panel

clima

climate

cambrer
waiter

menú
menu

cadira
chair

sopa
soup

pizza
pizza

coberts
cutlery

tovalla
tablecloth

primer plat
starter

plat principal
main course

darreries
dessert

begudes
drinks

menjar
food

ampolla
bottle

menjar ràpid

fast food

menjar de carrer

street food

tetera

teapot

sucrer

sugar bowl

porció

portion

màquina d'espresso

espresso machine

trona

high chair

factura

bill

plata

tray

ganivet

knife

forqueta

fork

cullera

spoon

cullereta

teaspoon

tovalló

serviette

got

glass

plat

plate

plat de sopa

soup plate

plateret

saucer

salsa

sauce

saler

salt cellar

molinet de pebre

pepper mill

vinagre

vinegar

oli

oil

espècies

spices

quètxup

ketchup

mostassa

mustard

maionesa

mayonnaise

oferta especial
special offer

client
customer

productes lactis
dairy

FOR

fruites
fruit

carret de la compra
trolley

carnisseria
butcher's

forn de pa
baker's

pesar
weigh

verdures
vegetables

carn
meat

menjar congelat
frozen food

carn freda

cold meat

conserves

tinned food

detergent en pols

washing powder

dolços

sweets

articles domèstics

household products

productes de neteja

cleaning products

venedora

salesperson

caixa registradora

till

caixera

cashier

llista de la compra

shopping list

horari d'obertura

opening hours

portamonedes

wallet

carta de crèdit

credit card

bossa

bag

bossa de plàstic

plastic bag

aigua

water

suc

juice

llet

milk

coca-cola

coke

vi

wine

cervesa

beer

alcohol

alcohol

cacau

cocoa

te

tea

cafè

coffee

espresso

espresso

cappuccino

cappuccino

banana

banana

poma

apple

taronja

orange

síndria

melon

llimona

lemon

pastanaga

carrot

all

garlic

bambú

bamboo

ceba

onion

bolet

mushroom

avellanes

nuts

fideus

noodles

espaguetis

spaghetti

arròs

rice

amanida

salad

patates fregides

chips

patates fregides

fried potatoes

pizza

pizza

hamburguesa

hamburger

entrepà

sandwich

escalopa

cutlet

cuixot

ham

salami

salami

salsitxa

sausage

pollastre

chicken

rostit

roast

peix

fish

flocs de civada

porridge oats

musli

muesli

cereals

cornflakes

farina

flour

croissant

croissant

panet

bread roll

pa

bread

torrada

toast

bescuits

biscuits

mantega

butter

mató

curd

pastís

cake

ou

egg

ou fregit

fried egg

formatge

cheese

gelat

ice cream

sucre

sugar

mel

honey

melmelada

jam

crema de xocolata

chocolate spread

curri

curry

granja
farmhouse

bala de palla
straw bale

graner
barn

camp
field

cavall
horse

remolc
trailer

poltre
foal

tractor
tractor

ase
donkey

xai
lamb

ovella
sheep

cabra
goat

vaca
cow

vedella
calf

porc
pig

garrí
piglet

bou
bull

oca
goose

ànec
duck

poll
chick

gall
hen

gallina
cock

rata
rat

gat
cat

ratolí
mouse

bou
ox

gos
dog

gossera
doghouse

mànega de regar
garden hose

regadora
watering can

dalla
scythe

arada
plough

falç

sickle

aixada

hoe

forca

pitchfork

destral

axe

carretó

wheelbarrow

abeurador

trough

lletera

milk can

sac

sack

tanca

fence

establa

stable

hivernacle

greenhouse

sòl

soil

llavor

seed

adob

fertilizer

collidora

combine harvester

collir

harvest

collita

harvest

nyam

yams

blat

wheat

soja

soy

patata

potato

blat de moro o d'indi

corn

colza

rapeseed

arbre fruiter

fruit tree

mandioca

cassava

cereals

cereals

fumera
chimney

teulada
roof

canaló
drain pipe

finestra
window

garatge
garage

campana
doorbell

porta
door

galleda de les escombraries
rubbish bin

bústia de correu
letterbox

jardí
garden

sala d'estar

living room

bany

bathroom

cuina

kitchen

cambra de dormir

bedroom

cambra de nen

child's room

menjador

dining room

sòl

floor

paret

wall

sostre

ceiling

soterrani

cellar

sauna

sauna

balcó

balcony

terrassa

terrace

piscina

pool

tallagespa

lawn mower

vànova

sheet

cobrellit

bedspread

llit

bed

escombra

broom

galleda

bucket

interruptor

switch

paper de paret
wallpaper

quadre
picture

làmpada
lamp

prestatge
shelf

armari
cupboard

televisor
television

escalfapanxes
fireplace

flor
flower

coixí
cushion

gerro
vase

sofà
sofa

telecomanda
remote control

catifa
carpet

cortina
curtain

taula
table

cadira
chair

cadira gronxadora
rocking chair

cadiral
armchair

llibre

book

llençol

blanket

decoració

decoration

llenya

firewood

film

film

cadena de música

hi-fi equipment

clau

key

diari

newspaper

pintura

painting

cartell

poster

ràdio

radio

bloc de notes

notepad

aspiradora

hoover

cactus

cactus

candela

candle

refrigerador
fridge

microones
microwave oven

balança de cuina
kitchen scales

torradora
toaster

detergent per a plats
detergent

congelador
freezer

forn
oven

galleda de les escombraries
rubbish bin

rentaplats
dishwasher

cuina de fogons

cooker

olla

pot

olla de ferro colat

cast-iron pot

wok / karahi

wok / kadai

paella

pan

bullidor

kettle

olla de vapor

steamer

plata de forn

baking tray

vaixella

crockery

tassa grossa

mug

bol

bowl

bastonets xinesos

chopsticks

culler

ladle

espàtula

spatula

batedor

whisk

colador

strainer

sedàs

sieve

ratllador

grater

morter

mortar

barbacoa

barbecue

foc a terra

open fire

taula de tallar

chopping board

corró

rolling pin

llevataps

corkscrew

pot de conserva

can

obridor

can opener

agafador

pot holder

aigüera

sink

raspall

brush

esponja

sponge

batedora

blender

congelador

deep freezer

biberó

baby bottle

aixeta

tap

cuina - kitchen

calefacció
heating

dutxa
shower

tovallola
towel

cortina de dutxa
shower curtain

bany de bombolles
bubble bath

banyera
bathtub

got
glass

rentadora
washing machine

aixeta
tap

rajoles
tiles

orinal
potty

aigüera
sink

lavabo	lavabo turc	bidet
toilet	squat toilet	bidet
orinador	paper higiènic	escombreta de sanitari
urinal	toilet paper	toilet brush

raspall de dents

toothbrush

pasta de dents

toothpaste

fil dental

dental floss

rentar

wash

pom de dutxa

handheld shower

dutxa íntima

douche

rentamans

basin

raspall per a l'esquena

back brush

sabó

soap

gel de dutxa

shower gel

xampú

shampoo

manyopla de bany

flannel

bonera

drain

crema

cream

desodorant

deodorant

mirall

mirror

mirall-espill de mà

hand mirror

maquineta de rasar

razor

espuma de barbejar

shaving foam

loció post-rasada

aftershave

pinta

comb

raspall

brush

eixugador

hair dryer

laca

hairspray

maquillatge

makeup

pintallavis

lipstick

esmalt d'ungles

nail varnish

cotó

cotton wool

tallaungles

nail scissors

perfum

perfume

estoig de bellesa

washbag

tamboret

stool

bàscula

weighing scale

barnús

bathrobe

guants de goma

rubber gloves

compresa higiènica

tampon

compresa

sanitary towel

sanitari químic

chemical toilet

despertador
alarm clock

animal de peluix
cuddly toy

auto de joguina
toy car

sonall
rattle

casa de nines
doll's house

present
present

baló

balloon

llit

bed

cotxet per a nens

pram

joc de cartes

deck of cards

trencaclosca

jigsaw

historieta

comic

peces de lego

lego bricks

peces de construcció

building blocks

ninot d'acció

action figure

granota

romper suit

frisbee

Frisbee

mòbil per a bressol

mobile

joc de taula

board game

daus

dice

tren elèctric

model train set

xumet

dummy

festa

party

llibre de dibuixos

picture book

pilota

ball

nina

doll

jugar

play

sorrera

sandpit

gronxador

swing

joguines

toys

consola de jocs de vídeo

video game console

tricicle

tricycle

osset de peluix

teddy bear

armari

wardrobe

roba

clothing

mitjons

socks

mitges

stockings

mitja pantaló

tights

tapacoll
scarf

paraigua
umbrella

cintura
belt

camiseta
t-shirt

botes
boots

plantofes
slippers

sabates d'esport
trainers

sandàlies
·················
sandals

sabates
·················
shoes

botes de goma
·················
rubber boots

calçonets
·················
underpants

sostenidor
·················
bra

guardapits
·················
vest

roba - clothing

jjustacòs

body

pantalons

trousers

jeans

jeans

faldeta

skirt

brusa

blouse

camisa

shirt

jersei

pullover

dessuadora

hoodie

blazer

blazer

jaqueta

jacket

mantell

coat

impermeable

raincoat

vestit de dona

costume

vestit de dona

dress

vestit de núvia

wedding dress

vestit d'home

suit

camisa de dormir

nightgown

pijama

pyjamas

sari

sari

mocador de cap

headscarf

turbant

turban

burca

burqa

caftan

kaftan

abaia

abaya

vestit de bany

swimsuit

calçon(et)s de bany

trunks

pantalons curts

shorts

xandall

tracksuit

davantal

apron

guants

gloves

botó

button

ulleres

glasses

braçalet

bracelet

collaret

necklace

anell

ring

orellera

earring

casquet

cap

penjador

coat hanger

capell

hat

corbata

tie

cremallera

zipper

casc

helmet

elàstics

braces

uniforme escolar

school uniform

uniforme

uniform

pitet

bib

xumet

dummy

bolquer

nappy

servidor
server

armari arxivador
filing cabinet

impressora
printer

paper
paper

monitor
monitor

ratolí
mouse

escriptori
desk

arxivador
folder

teclat
keyboard

cadira
chair

paperera
paper bin

ordinador
computer

tassa de cafè

coffee mug

calculadora

calculator

Internet

internet

ordinador portàtil

laptop

lletra

letter

missatge

message

mòbil

mobile

xarxa

network

fotocopiadora

photocopier

programari

software

telèfon

telephone

presa de corrent

plug socket

fax

fax machine

formulari

form

document

document

comprar

buy

pagar

pay

comerciar

trade

diners

money

USD

dòlar

dollar

EUR

euro

euro

JPY

ien

yen

RUB

ruble

rouble

CHF

franc suís

Swiss franc

CNY

renminbi

renminbi yuan

INR

rupia

rupee

caixa automàtica

cashpoint

oficina de canvi
bureau de change

or
gold

argent
silver

petroli
oil

energia
energy

preu
price

contracte
contract

impost
tax

acció
stock

treballar
work

treballador
employee

empresari
employer

fàbrica
factory

botiga
shop

economia - economy

oficial de policia
police officer

bomber
fireman

cuiner
cook

doctora
doctor

pilot
pilot

jardiner
gardener

fuster
carpenter

costurera
seamstress

jutge
judge

química
chemist

actor
actor

conductor d'autobús

bus driver

taxista

taxi driver

pescador

fisherman

dona de la neteja

cleaning lady

ensostrador

roofer

cambrer

waiter

caçador

hunter

pintor

painter

forner

baker

electricista

electrician

obrer de la construcció

builder

enginyer

engineer

carnisser

butcher

llanterner

plumber

correu

postman

soldat

soldier

arquitecte

architect

caixera

cashier

florista

florist

perruquer

hairdresser

revisor

conductor

mecànic

mechanic

capità

captain

dentista

dentist

científic

scientist

rabí

rabbi

imam

imam

monjo

monk

capellà

clergyman

martell
hammer

tenalles
pliers

descaragolador
screwdriver

clau anglesa
spanner

llanterna
torch

excavadora
digger

caixa d'eines
toolbox

escala
ladder

serra
saw

claus
nails

trepant
drill

reparar

repair

pala

shovel

Maleït siga!

Damn!

pala

dustpan

pot de pintura

paint pot

caragols

screws

instrument de música
musical instruments

bateria
drum kit

altaveu
loudspeaker

guitarra
guitar

contrabaix
double bass

trompeta
trumpet

piano

piano

violí

violin

baix

bass

timbal

timpani

tambor

drums

teclat

keyboard

saxofon

saxophone

flauta

flute

micròfon

microphone

tigre
tiger

entrada
entrance

gàbia
cage

zebra
zebra

aliment per a animals
animal feed

ós panda
panda

animals
animals

elefant
elephant

cangurú
kangaroo

rinoceront
rhino

goril·la
gorilla

ós
bear

camell

camel

estruç

ostrich

lleó

lion

simi

monkey

flamenc

flamingo

papagai

parrot

ós polar

polar bear

pingüí

penguin

ca mari

shark

paó

peacock

serp

snake

cocodril

crocodile

guardià del zoo

zookeeper

foca

seal

jaguar

jaguar

poni

pony

lleopard

leopard

hipopòtam

hippo

girafa

giraffe

àliga

eagle

senglar

boar

peix

fish

tortuga

turtle

morsa

walrus

guineu

fox

gasela

gazelle

futbol americà
American football

ciclisme
cycling

tenis
tennis

bàsquet
basketball

natació
swimming

boxa
boxing

hoquei sobre gel
ice hockey

futbol americà
football

bàdminton
badminton

atletisme
athletics

handbol
handball

esquí
skiing

polo
polo

riure
laugh

saltar
jump

abraçar
hug

anar
walk

cantar
sing

somiar
dream

pregar
pray

fer un petó
kiss

escriure
write

dibuixar
draw

mostrar
show

pitjar
push

donar
give

prendre
take

tenir
have

fer
do

ésser
be

estar dret
stand

córrer
run

estirar
pull

llançar
throw

caure
fall

jeure
lie

esperar
wait

portar
carry

asseure's
sit

vestir-se
get dressed

dormir
sleep

despertar-se
wake up

mirar

look at

plorar

cry

amoixar

stroke

pentinar

comb

parlar

talk

comprendre

understand

demanar

ask

escoltar

listen

beure

drink

menjar

eat

endreçar

tidy up

estimar

love

cuinar

cook

conduir

drive

volar

fly

activitats - activities

navegar

sail

calcular

calculate

llegir

read

aprendre

learn

treballar

work

casar-se

marry

cosir

sew

raspallar-se les dents

brush teeth

matar

kill

fumar

smoke

enviar

send

àvia
grandmother

avi
grandfather

pare
father

mare
mother

nadó
baby

filla
daughter

fill
son

convidat

guest

tia

aunt

oncle

uncle

germà

brother

germana

sister

front
forehead

ull
eye

espatlla
shoulder

dit
finger

cara
face

barbeta
chin

mà
hand

pit
breast

cama
leg

braç
arm

nadó

baby

home

man

dona

woman

noia

girl

noi

boy

cap

head

esquena

back

panxa

belly

melic

belly button

dit gros del peu

toe

taló

heel

os

bone

maluc

hip

genoll

knee

colze

elbow

nas

nose

cul

bottom

pell

skin

galta

cheek

orella

ear

llavi

lip

cos - body

boca

mouth

dent

tooth

llengua

tongue

cervell

brain

cor

heart

múscul

muscle

pulmó

lung

fetge

liver

estómac

stomach

ronyó

kidneys

relació sexual

sex

preservatiu

condom

ovari

ovum

semen

semen

prenyat

pregnancy

menstruació

menstruation

vagina

vagina

penis

penis

cella

eyebrow

cabells

hair

coll

neck

hospital
hospital

ambulància
ambulance

cadira de rodes
wheelchair

fractura
fracture

doctora

doctor

sala d'urgències

emergency room

infermera

nurse

urgència

emergency

inconscient

unconscious

dolor

pain

ferida

injury

sagnament

bleeding

atac de cor

heart attack

apoplexia

stroke

al·lèrgia

allergy

tos

cough

febre

fever

gripa

flu

diarrea

diarrhoea

mal de cap

headache

càncer

cancer

diabetis

diabetes

cirurgià

surgeon

escalpel

scalpel

operació

operation

tomografia computada (TC), TAC
....
CT

raigs x
....
x-ray

ultrasò
....
ultrasound

mascareta
....
face mask

malaltia
....
disease

sala d'espera
....
waiting room

crossa
....
crutch

tireta
....
plaster

embenat
....
bandage

injecció
....
injection

estetoscopi
....
stethoscope

llitera
....
stretcher

termòmetre clínic
....
clinical thermometer

pariment
....
birth

sobrepès
....
overweight

aparell auditiu

hearing aid

desinfectant

disinfectant

infecció

infection

virus

virus

VIH / SIDA

HIV / AIDS

medicina

medicine

vaccí

vaccination

comprimits

tablets

píl·lola

pill

trucada d'urgència

emergency call

tensiòmetre

blood pressure monitor

malalt / sà

sick / healthy

Socors!

Help!

alarma

alarm

assalt

assault

atac

attack

perill

danger

sortida-eixida d'urgència

emergency exit

Foc!

Fire!

extintor

fire extinguisher

accident

accident

farmaciola de primers auxilis

first-aid kit

SOS

SOS

policia

police

Europa

Europe

Amèrica del Nord

North America

Amèrica del Sud

South America

Àfrica

Africa

Àsia

Asia

Austràlia

Australia

Atlàntic

Atlantic

Pacífic

Pacific

Oceà Índic

Indian Ocean

Oceà Antàrtic

Antarctic Ocean

Oceà Àrtic

Arctic Ocean

pol nord

North Pole

pol sud

South Pole

Antàrtida

Antarctica

terra

Earth

país

land

mar

sea

illa

island

nació

nation

estat

state

quadrant

clock face

agulla de les hores

hour hand

agulla dels minuts

minute hand

agulla dels segons

second hand

Quina hora és?

What time is it?

dia

day

temps

time

ara

now

rellotge digital

digital watch

minut

minute

hora

hour

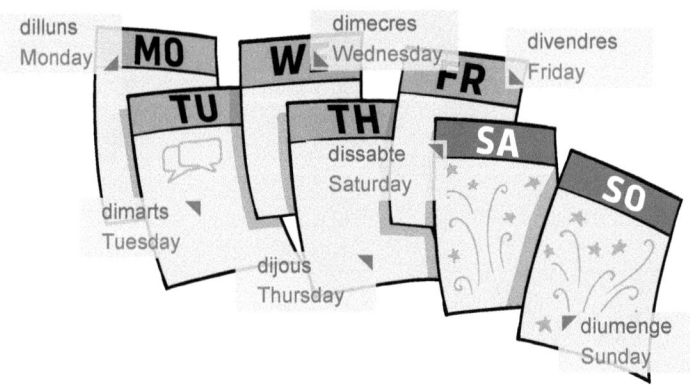

dilluns
Monday

dimecres
Wednesday

divendres
Friday

dimarts
Tuesday

dissabte
Saturday

dijous
Thursday

diumenge
Sunday

ahir

yesterday

avui

today

demà

tomorrow

matí

morning

migdia

noon

tarda

evening

dia feiner

business days

cap de setmana

weekend

pluja
rain

arc de Sant Martí
rainbow

neu
snow

vent
wind

primavera
spring

tardor
autumn

estiu
summer

hivern
winter

pronòstic del temps
weather forecast

termòmetre
thermometer

llum del sol
sunshine

núvol
cloud

boira
fog

humiditat de l'aire
humidity

llamp

lightning

tro

thunder

tempesta

storm

calamarsa

hail

monsó

monsoon

inundació

flood

gel

ice

gener

January

febrer

February

març

March

abril

April

maig

May

juny

June

juliol

July

agost

August

any - year

setembre
....
September

octubre
....
October

novembre
....
November

desembre
....
December

formes
shapes

cercle
....
circle

quadrat
....
square

rectangle
....
rectangle

triangle
....
triangle

esfera
....
sphere

cub
....
cube

colors

colours

blanc

white

groc

yellow

taronja

orange

rosa

pink

vermell

red

lila

purple

blau

blue

verd

green

marró

brown

gris

grey

negre

black

molt / poc

a lot / a little

emprenyat / tranquil

angry / calm

bonic / lleig

beautiful / ugly

començament / fi

beginning / end

gran / petit

big / small

clar / fosc

bright / dark

germà / germana

brother / sister

net / brut

clean / dirty

complet / incomplet

complete / incomplete

dia / nit

day / night

mort / viu

dead / alive

ample / estret

wide / narrow

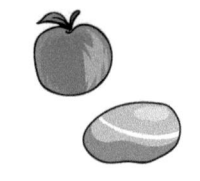

comestible / immenjable

edible / inedible

dolent / amable

evil / nice

entusiasmat / entediat

excited / bored

gros / prim

fat / thin

primer / darrer

first / last

amic / enemic

friend / enemy

ple / buit

full / empty

dur / tou

hard / soft

pesant / lleuger

heavy / light

gana / set

hunger / thirst

malalt / sà

sick / healthy

il·legal / legal

illegal / legal

intel·ligent / ximple

intelligent / stupid

esquerra / dreta

left / right

prop / llunyà

near / far

nou / usat

new / used

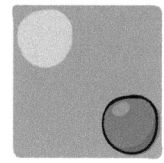

res / quelcom

nothing / something

vell / jove

old / young

encès / apagat

on / off

obert / tancat

open / closed

silenciós / sorollós

quiet / loud

ric / pobre

rich / poor

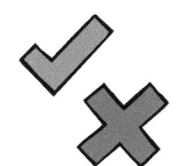

correcte / incorrecte

right / wrong

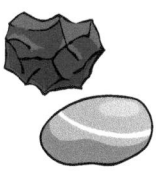

aspre / suau

rough / smooth

trist / content

sad / happy

curt / llarg

short / long

lent / ràpid

slow / fast

humit / sec - eixut

wet / dry

calent / fred

warm / cool

guerra / pau

war / peace

0

zero

zero

1

u

one

2

dos

two

3

tres

three

4

quatre

four

5

cinc

five

6

sis

six

7

set

seven

8

vuit

eight

9

nou

nine

10

deu

ten

11

onze

eleven

12
dotze
twelve

13
tretze
thirteen

14
catorze
fourteen

15
quinze
fifteen

16
setze
sixteen

17
disset
seventeen

18
divuit
eighteen

19
dinou
nineteen

20
vint
twenty

100
cent
hundred

1.000
mil
thousand

1.000.000
milió
million

anglès

English

anglès americà

American English

xinès mandarí

Mandarin Chinese

hindi

Hindi

espanyol

Spanish

francès

French

àrab

Arabic

rus

Russian

portuguès

Portuguese

bengalí

Bengali

alemany

German

japonès

Japanese

jo

I

tu

you

ell / ella / allò

he / she / it

nosaltres

we

vosaltres

you

ells

they

qui?

who?

què?

what?

com?

how?

on?

where?

quan?

when?

nom

name

darrere

behind

en

in

davant de

in front of

damunt

over

sobre

on

sota

under

al costat

beside

entre

between

lloc

place